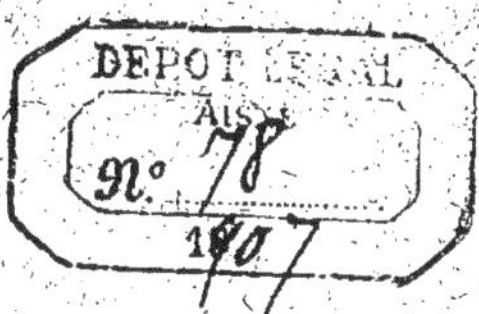

MONSEIGNEUR

J.-B. DÉSIRÉ BATON

PROTONOTAIRE APOSTOLIQUE, ANCIEN VICAIRE GÉNÉRAL
ANCIEN ARCHIPRÊTRE DE LAON
CHANOINE HONORAIRE DE SOISSONS

PAR

M. l'Abbé PLY

Chanoine Honoraire de Blois et de Soissons
Vicaire-Général Honoraire d'Adana, Chanoine-Docteur de Tarse
Chapelain d'Honneur de N.-D. de Lorette
Curé de Saint-Martin de Laon.

LAON

Imprimerie du *Journal de l'Aisne*, 22, rue Sérurier

—

1907

MONSEIGNEUR
J.-B. DÉSIRÉ BATON

PROTONOTAIRE APOSTOLIQUE, ANCIEN VICAIRE GÉNÉRAL
ANCIEN ARCHIPRÊTRE DE LAON
CHANOINE HONORAIRE DE SOISSONS

PAR

M. l'Abbé PLY

Chanoine Honoraire de Blois et de Soissons
Vicaire-Général Honoraire d'Adana, Chanoine-Docteur de Tarse
Chapelain d'Honneur de N.-D. de Lorette
Curé de Saint-Martin de Laon.

LAON

Imprimerie du *Journal de l'Aisne*, 22, rue Sérurier

—

1907

MONSEIGNEUR BATON

AVANT-PROPOS

Le Saint-Esprit loue et nous engage à louer avec lui les grands hommes qui furent la gloire de leur siècle et de leur nation, tels les patriarches, les prophètes, les juges et les rois puissants d'Israël ; mais il ne répugne point à faire l'éloge des personnages qui ont laissé dans le passé un moins profond et moins large sillon : au contraire, il se complaît à redire le mérite des humbles comme Josias, dont le règne fut plutôt pâle, si l'on veut le comparer à ceux de David et de Salomon.

Voici la gracieuse louange qu'il lui décerne : « La mémoire de Josias est comme un parfum composé de différentes odeurs et préparé par un habile ouvrier. Son souvenir sera doux comme le miel à la bouche de tous les hommes et agréable à leurs oreilles comme un concert au milieu d'un festin (1) ».

Qui trouverait à redire si nous appliquions ces paroles des Livres-Saints à Monseigneur Jean-Baptiste-Désiré Baton ?

Sans doute, le vénérable prélat ne fut point une de ces grandes figures qui sollicitent le regard des plus indifférents et dont l'éclat éblouit tellement les yeux qu'on ne peut plus rien distinguer autour d'elles ; mais il fut l'une de ces belles et bonnes physionomies

(1) Ecclésiastique, ch. XLIX

de prêtre qu'on aimait à voir, parce qu'on ne se sentait pas offusqué, et qu'on voudrait revoir encore, pour s'édifier et s'instruire, même alors que la mort a jeté sur elles le voile impénétrable que nous appelons un linceul.

Hélas ! « Sunt immortales omnes, moriuntur et omnes (1)» *a dit un poète parlant des astres. Il faut en dire autant des hommes et même des prêtres, qui brillent au ciel de l'église, pour éclairer la marche de leurs frères vers leur éternelle destinée. Puissé-je immortaliser, dans les pages de notre histoire diocésaine et locale, cet homme qui, sans s'être distingué par quelque qualité suréminente, a réuni en sa personne toutes les qualités qui font le prêtre complet !*

---

(1) Ils sont tous immortels, mais ils meurent tous.

CHAPITRE I.

Naissance de Monseigneur Baton. — Sa famille. — Sa vocation. — Ses études.

Jean-Baptiste-Désiré Baton naquit au village de Lesquielles-Saint-Germain, près de Guise, le dix-sept octobre 1820. C'était, sur onze enfants, le cinquième et ce fut l'unique garçon. Dès lors on comprend qu'il fût un *Désiré*. Son père appartenait à cette légion de bons serviteurs du pays, qui étaient clers à l'Eglise et maîtres à l'Ecole, et dont le type regretté a depuis longtemps disparu.

Etre clerc leur paraissait beau et ils étaient fiers de l'être ; mais être curé leur semblait mieux encore et c'est ce qu'ils rêvaient pour leurs fils. Telle était, à cette époque de foi, l'idée que se faisaient du sacerdoce ces bons instituteurs, que leur grande ambition était de donner à l'Eglise un prêtre qui *chanterait la messe*, tandis qu'eux n'avaient le droit que de *chanter à la messe*, qui dirait la messe, tandis qu'eux ne pouvaient que la sonner et la servir. C'est ce qui explique comment, jusque sous le Second Empire, les séminaires se recrutaient, en notable partie, dans les familles d'instituteurs, dont les fils semblent plutôt poussés aujourd'hui vers les emplois civils, vers les mieux rémunérés surtout et quelle que soit la besogne qui les y attende.

Heureusement pour le diocèse de Soissons, l'instituteur de Lesquielles n'échappa point à la chrétienne ambition qui travaillait alors la plupart de ses collègues, et ce ne fut pas sans bonheur qu'il découvrit et qu'il cultiva, avec l'aide de son curé, la vocation sacerdotale de son fils Désiré. Il avait d'ailleurs de qui tenir ; car il était le petit-neveu de Jean-Joseph Chevalier, curé de Vesles, lequel fut condamné à la déportation, pour refus du serment schismatique en 1792.

Après avoir commencé ses études à l'ombre du sanctuaire de Notre-Dame de Liesse, Désiré vint au séminaire de Laon et les continua dans une classe qui fournit plus tard vingt prêtres, et dont les élèves robustes de santé, comme il convenait alors, ne manquaient point, d'autre part, de ce qu'il faut pour réussir, à moins que la valeur du professeur ne fût une condition indispensable de succès. A cette époque — et cela dura longtemps après — on n'exigeait pas des professeurs de petits séminaires un savoir contrôlé et dûment authentiqué par les grades universitaires, qu'ils auraient d'ailleurs difficilement conquis, ne trouvant près d'eux aucun moyen de se préparer à cette épreuve. Un bon esprit ecclésiastique et une science approximative de ce qu'ils devaient enseigner, c'était tout ce qu'on leur demandait. Les livres classiques valaient les professeurs ; de méthode il n'en existait point. Ceci soit dit seulement pour mettre en relief le mérite des prêtres qui, si mal servis dans leurs études, ont su, par leurs efforts personnels, faire valoir, plus tard, les talents que Dieu leur avait départis.

Désiré Baton n'était ni le mieux, ni le moins bien doué de ses condisciples. Deux de ses maîtres, qui vécurent assez pour le voir arriver aux dignités, disaient de lui que, s'il ne brillait pas par l'imagination et l'originalité dans les compositions littéraires, il se distinguait par la rectitude du jugement et l'application au travail. Les palmarès du Séminaire de Laon, dont M. Tévenart était alors supérieur, pourraient sans doute nous mettre au courant de ses succès, et dès maintenant, sachant ce que nous savons, il nous serait facile de constater la vérité de cette parole d'un auteur (1) : « L'enfant est le père de l'homme » ou de cette autre de Victor Hugo : « L'homme s'explique par l'enfant qu'on a été ».

CHAPITRE II.

Premier ministère de Monseigneur Baton. — Vicaire de Fère-en-Tardenois. — Curé de Villers-sur-Fère et de Saponay.

Au sortir du Grand-Séminaire, sur la demande de M. l'abbé Tévenart, ancien curé de Lesquielles, devenu curé-doyen de Fère-en-Tardenois, l'abbé Baton fut nommé, par Monseigneur de Simony, vicaire de cette petite ville, avec le desservice de Villers-sur-Fère et de Saponay. Le vénérable doyen, sous la direction duquel le jeune prêtre allait faire ses premières armes, n'était pas l'aigle de Laon, dont l'envergure fut d'ailleurs exagérée par une admiration dont les anciens laonnois se défendent aujourd'hui ; mais c'était un de ces hommes chez qui l'esprit ne nuisait pas à la dignité et dont l'enjouement naturel n'altérait point une certaine raideur, alors bien portée et à laquelle les anciens savaient mêler tant de bonté.

Enfant d'obéissance, respectueux de l'aînesse et de l'autorité, jamais frondeur, ne se doutant même

(1) Noodsworth.

pas qu'un vicaire pût prendre le rôle de Gros-Jean pour en remontrer à son curé, encore moins celui de Garo pour critiquer et blâmer sa manière de faire, l'abbé Baton ne donna rien à souffrir à son supérieur et n'eut lui-même rien à en souffrir. Le premier chagrin qu'ils se firent l'un à l'autre fut de se séparer. Mais il le fallait bien.

CHAPITRE III.

Monseigneur Baton, curé de Beuvardes — de La Ferté-Milon.

L'ancien enfant de chœur de M. le curé de Lesquielles-Saint-Germain ne pouvait pas toujours rester vicaire de M. le doyen de Fère-en-Tardenois. Après six ans de formation à l'école de cet excellent maître — en 1850 — l'abbé Baton devint curé de Beuvardes, joli village du même canton. Pour n'y être resté que trois ans, il n'y conserva pas moins, jusqu'en ces dernières années, d'amicales relations et sa mémoire y demeura vivante et bénie.

En 1853, l'abbé Baton, dont l'un des condisciples occupait, auprès de Monseigneur de Garsignies, un poste de confiance, fut envoyé à La Ferté-Milon, patrie de Racine, et l'une des plus intéressantes paroisses du diocèse, avec ses deux églises, son beau presbytère, son paysage enchanteur et ses souvenirs historiques.

Tout semblait donc y devoir retenir le jeune curé ; mais son évêque ne lui donna pas le temps de s'y *enraciner*. A peine eut-il celui de s'y installer ; car, il n'y était pas de dix mois, quand il fut appelé à la cure de Saint-Martin de Laon.

Cette promotion rapide fit plus de bruit que la première, et l'on entendit des voix qui demandaient peut-être avec plus d'envie que de curiosité : « D'où lui vient donc cette faveur ? ». L'abbé Baton, qui se demandait, plus que tout autre, si la place n'était pas trop grande pour lui, montra bientôt qu'il était capable de l'occuper et, malgré la modestie dont il ne se départira jamais, il calma pour toujours les inquiétudes des questionneurs que rien ne devait justifier. Au reste il y a, dans la vie du prêtre, des heures providentielles où ce qui semblait impossible la veille devient facile le lendemain par l'obligation de le faire. C'est ce qui se vérifia dans la personne du jeune curé de Saint-Martin de Laon.

CHAPITRE IV.

Monseigneur Baton, curé de Saint-Martin. – Succession difficile.

Quand il arriva dans cette paroisse, il y trouva à peu près toute la noblesse de la ville et des environs.

Une des craintes de l'abbé Baton, qui pendant dix ans avait vécu à la campagne et parlé plutôt le langage du paysan, était de se montrer comme prédicateur surtout, au-dessous des exigences de ce monde distingué. — Mais, disait-il lui-même plus tard « en travaillant j'en suis sorti ».

Au reste la noblesse d'alors et le monde officiel même n'en demandaient pas tant qu'aujourd'hui.

Ces vieilles familles aimaient le prêtre, qui devenait l'hôte de toutes les grandes maisons. Elles se faisaient un honneur de l'aider jusque dans la célébration des offices, où toutes les stalles du chœur était garnies d'hommes munis de leur livres de messe. C'est ainsi que l'on vit, pendant plusieurs années, le maire de Laon, M. de Beauvillé, tenir au chœur l'orgue d'accompagnement, qu'il avait acheté de ses deniers et qu'il laissa à la paroisse. L'harmonie que mettait l'organiste sous les mélodies du plain-chant n'était peut-être pas exempte de défauts, mais c'était de la musique de M. le Maire et le parfum municipal qu'elle fleurait ne doit pas nous empêcher de louer l'effort, sinon le succès. *Laudo conatum.* D'ailleurs on peut se demander si parmi les successeurs de M. de Beauvillé à l'hôtel-de-ville il s'en rencontra jamais un seul capable d'en faire autant, ce à quoi personne n'a pu ni ne peut être obligé.

On ne choisit pas son père, aurait dit un prince qui ne valut guère mieux que l'auteur de ses jours. Nous autres prêtres, nous ne choisissons pas davantage nos prédécesseurs, et c'est heureux ; car il y a des successions que tout le monde refuserait.

S'il avait pu s'y soustraire, il est à croire que l'abbé Baton n'aurait pas succédé, comme curé de Saint-Martin, à M. Danton, qui fut et qui aurait dû rester une grande figure diocésaine. Ce prêtre distingué avait d'ailleurs été son professeur au grand séminaire et l'on ne se voit pas bien à la place occupée hier par de tels maîtres. M. Danton, du reste, ne gêna point son successeur par des relations entretenues dans la paroisse, d'où l'avaient écarté des infirmités précoces, y compris un certain excès d'esprit et ce franc-parler que j'appellerai la bravoure de la pensée, et dont se défend difficilement l'homme sans ambition, ayant conscience de sa valeur personnelle. Mais il avait laissé à Saint-Martin une telle réputation de culture scientifique, d'éloquence, de zèle pastoral, de désintéressement, de piété et de dignité sacerdotale, qu'il était très difficile à l'arrivant de remplacer dans l'opinion, celui qu'il était appelé à remplacer dans la fonction.

Sa naturelle timidité devait s'effrayer d'autant plus que la nomination de M. Danton à la petite paroisse de Brécy, qu'il avait lui-même desservie, étant curé de Beuvardes, paraissait plutôt une de ces disgrâces, dont les tenants de M. Lequeux connurent les humiliations et les amertumes, à la suite de critiques intempestives autant que spirituelles (1).

---

(1) Comme c'est sans doute la dernière fois que l'occasion s'en présente, qu'il me soit permis de faire mémoire de ces hommes de valeur que le savant et pieux M. Lequeux avait su grouper autour de lui et qui tombèrent presque au même moment, frappés pour avoir méconnu la vertu de tempérance dans l'esprit. M. Geoffroy, le grand ami de M. Danton, qui de supérieur du séminaire de Liesse devint curé de Fresnoy-le-Grand ; M. Demiselle qui de la chaire de professeur de dogme tomba dans celle de la petite paroisse de Sorbais ; M. Péronne qui de professeur d'Ecriture Sainte, d'Eloquence sacrée, théologal, devint curé d'Assis-sur-Serre en attendant le siège épiscopal de Beauvais ; M. Gabelle, qui dut échanger son titre de professeur de philosophie contre celui de curé de Brancourt (canton de Bohain) où la Providence lui ménagea l'honneur de guider dans les sentiers qui mènent à la science l'éminent archevêque d'Albi ; enfin M. Wuardet, qu'on envoya achever de mourir à Clastres. Quelles chutes ! Tous s'en relevèrent, sauf les deux derniers. Mais quelle leçon pour ceux qui ne croiraient pas à la nocivité de l'esprit !

CHAPITRE V.

Zèle de Monseigneur Baton pour la beauté de la Maison de Dieu. — Restauration de l'église. — Ameublement enrichi.

La superbe église de Saint-Martin ne pouvait laisser indifférent l'abbé Baton; et, dès son arrivée à Laon, ses goûts artistiques s'éveillèrent et lui firent concevoir le projet d'une restauration intérieure qu'il poursuivit, sans se reposer jamais, avec cette douce tenacité qui assure toujours le succès. Profitant de l'estime et de la confiance que lui acquirent bientôt sa bonté et sa modestie, il excita, sans trop de peine, les riches et nobles familles de sa paroisse à partager son zèle pour la « beauté de la Maison de Dieu ». Grâce à leur générosité dont l'élan ne s'est ralenti qu'en ces dernières années, à mesure qu'elles disparaissaient, l'abbé Baton put continuer à réparer les ruines que la Révolution française avait faites dans l'ancienne église abbatiale des Prémontrés, devenue paroissiale.

C'est à lui que l'on doit la restauration intérieure du monument, que le mauvais goût d'une autre époque avait recouvert d'un jaunâtre badigeon. Il fut des premiers, dans le diocèse du moins, à faire découvrir l'appareil primitif et à rendre à la pierre sa vraie couleur. Il en fut complimenté par M. de Niewkerke, alors inspecteur des monuments historiques, qui trouva pourtant que la boucharde du maçon avait été lourdement maniée en certains endroits — il fallait bien critiquer un peu ; — mais qui s'extasia sur le prix que ce travail avait coûté et qui n'allait qu'à la moitié de ce qu'il l'avait lui-même estimé. M. Lallouette, qui avait précédé M. Danton à Saint-Martin et qui avait pour sa part fait recouvrir d'une septième couche les murailles de son église, fut mis à contribution pour l'enlèvement du badigeon. — « Vous êtes coupable, lui dit l'abbé Baton, il faut bien que vous m'aidiez à réparer votre faute ». Et le bon M. Lallouette qui n'avait jamais été artiste, hélas ! malgré d'autres mérites très réels, s'exécuta de bonne grâce et se montra généreux.

C'est encore à l'abbé Baton que l'on doit la réparation et le nettoyage des boiseries du sanctuaire, du chœur, du transept et de la sacristie qui excitent l'admiration de tous les visiteurs et que les ancêtres sous prétexte de conservation, avaient fait peindre et repeindre couleur bois, s'il vous plaît, sans se douter que toute cette peinturlure cachait les délicatesses de la sculpture et lui enlevait son agrément.

Lui-même mit la main à l'œuvre, pour rendre à la clôture de la chapelle dite alors de St-Eloi, aujourd'hui du Sacré-Cœur, sa première beauté. N'osant pas confier à un ouvrier ordinaire le nettoyage des détails si fins et si parfaits de ces sculptures, il fit lui-même le travail et l'on put le voir, durant plusieurs semaines, attelé à cet ouvrage qui demandait autant de patience que de sûreté de main.

C'est lui qui dota l'église de Saint-Martin de la chaire monumentale qu'on y rencontre et qui serait parfaite si les proportions avaient été mieux observées entre l'abat-voix et la cuve. C'est lui qui y plaça le Chemin de Croix en terre cuite que d'aucuns préfèrent à certains autres, dont les personnages plus en relief semblent prêts à tomber de leur cadre. A l'occasion de l'érection de ce Chemin de Croix, en 1863, M. l'abbé Baton fut élevé à la dignité de chanoine honoraire de Soissons. Aucun de ses prédécesseurs n'avait été admis au Chapitre avant lui et tous ses successeurs à Saint-Martin n'ont point eu cet honneur ; mais lui était déjà remarqué et malgré son jeune âge il paraissait vénérable.

Jam tum conspicuus, jam tum venerabilis ibat (1).

La dernière grande entreprise de l'abbé Baton, comme curé de Saint-Martin, fut de donner une belle sonnerie à son église, qui ne possédait que trois petites cloches. On les appelait les *buires* de Saint-Martin parce qu'elles étaient pour l'autre côté de la ville les messagères d'une pluie prochaine quand on les y entendait ; peut-être aussi à cause de leurs médiocres dimensions. Le curé zélé qu'était l'abbé Baton ouvrit une souscription et, un beau jour, une sonnerie composée de huit cloches, accordées au diapason de celles de Notre-Dame de Reims — sauf le bourdon — pouvait se faire entendre à l'ouest de la montagne de Laon, tandis que les cloches de la cathédrale descendues de leur beffroi restaient silencieuses. Elles sonnèrent d'autant plus agréablement aux oreilles de M. le curé qu'elles lui avaient fait passer un mauvais quart d'heure.

En effet les cloches parées d'aubes et de chapes, enguirlandées de dentelles et de fleurs, étaient suspendues dans le chœur de l'église, attendant le baptême ; Monseigneur l'évêque de Soissons qui devait les bénir était arrivé, tous les apprêts de la bénédiction étaient terminés, quand un architecte du gouvernement vint, deux heures avant la cérémonie, apporter le *veto* de l'Etat au montage des cloches, sous prétexte que la tour qui devait les recevoir manquait de solidité.

(1) Claudien.

Inutile de faire ressortir la gravité singulière de la situation pour donner à penser quels furent les sentiments divers qui agitèrent l'âme du curé, dont toutes les peines étaient rendues inutiles et toutes les espérances frustrées par un mot, que n'avait certes pas inspiré la bienveillance. Heureusement l'abbé Baton était de ceux qui, comme Guillaume le Taciturne, « n'ont pas besoin d'espérer pour entreprendre, ni de réussir pour persévérer. »

Il pria le trouble-fête de se rendre compte *de visu*, avant de se prononcer irrévocablement. D'abord, il se trouva que la tour visée par l'émissaire du gouvernement n'était point celle qui était destinée à recevoir les cloches, et ensuite il fut constaté que cette dernière offrait toutes les garanties ; enfin il fallut reconnaître que la façon dont avait été établi le beffroi, à l'intérieur, prévenait tout ébranlement de la maçonnerie. Ce ne fut donc qu'une fausse alerte, mais combien douloureuse !

CHAPITRE VI.

Zèle de Monseigneur Baton pour le salut des âmes. — Confréries qu'il établit et développe.— Son empressement auprès des blessés à l'explosion de la Citadelle.

Il ne faudrait pas croire que l'abbé Baton consacrait son activité exclusivement aux œuvres extérieures. Le souci des âmes le préoccupait même davantage, ainsi qu'il convient d'ailleurs. On se souvient encore, à Saint-Martin, de sa sollicitude pour les enfants qu'il préparait à la première communion et l'on en vit plusieurs le suivre à sa dernière demeure, en témoignage de leur reconnaissance pour les soins qu'il leur avait donnés aux jours de leur première jeunesse. On parle encore de son exactitude au confessionnal.

Au point de vue de l'aumône, que de choses j'aurais à dire ici, que personne ne sait et que je n'ai apprises moi-même que par des indiscrétions que la reconnaissance ou l'intérêt font quelquefois commettre ! Que de fois il a secouru généreusement — et plus — à des heures décisives, certaines familles dont la vie semblait plutôt une vie de grande aisance, estimant que les plus pauvres sont ceux qui tiennent le moins à passer pour tels ! Sans s'étonner d'être à toute occasion sollicité, sans se préoccuper peut-être assez de l'usage ou de l'abus qui en serait fait, il laissait tomber de son cœur la commisération et de sa bourse la généreuse aumône.

On rappelle encore ses charitables visites aux malades, dans les faubourgs reliés à la paroisse, aussi bien que dans la ville. C'est en leur faveur qu'il établit dans son église la confrérie de Notre-Dame des Malades qu'il fit affilier à l'archiconfrérie du même vocable fondée par Monseigneur Duquesnay, à Saint-Laurent de Paris, alors qu'il était curé de cette paroisse.

A plusieurs reprises, privé de l'usage de la parole, par suite d'une laryngite, il faisait distribuer le pain de la vérité, par les Pères Jésuites dont le *Troisième An* était établi à l'ancienne abbaye bénédictine de Saint-Vincent.

Pour être juste, il faut dire que les bons Pères rendirent à la paroisse beaucoup de services, quelques-uns même trop de services au gré de l'occupant. Un curé qui se dévoue aux âmes dont il a la charge peut-il voir sans chagrin l'élite de ses paroissiens déserter leur église, pour aller chercher dans les chapelles particulières et demander à des religieux qui passent, les secours qu'il se faisait un bonheur de leur distribuer ? Mais, d'autre part, comment empêcher un zèle comprimé pendant de longues années entre les quatre murs d'un noviciat et d'un collège, de s'épancher au dehors jusqu'à l'exubérance, quand les barrières sont levées, et de déborder sur le terrain du voisin? Comment surtout empêcher certain public de s'engouer de ces hommes, nouveau venus, dont la culture intellectuelle apparaît avec tous les avantages de la jeunesse et de la nouveauté ? M. l'abbé Baton endura ce qu'il ne pouvait empêcher, mais le calice lui fut tellement amer que, longtemps après la disparition de l'abus, il en avait encore comme des renvois et des éructations. Les intéressés et les âmes pieuses, qui ne se trouvent jamais aussi bien que loin du sanctuaire où elles devraient porter l'édification par leur présence, avaient beau lui dire : « Pourvu que le bien se fasse, peu importe par qui il est fait. » Il répondait avec sagesse par cette question que depuis longtemps l'autorité de l'Eglise a résolue : « Est-ce un bien que de faire le bien qu'un autre est chargé de faire et qu'il ferait, s'il n'en était empêché par celui *qui non est pastor, cujus oves non sunt propriæ?* Ceux qui ne sont point pasteurs n'y comprendront rien, mais les prêtres qui ont une âme véritablement pastorale excuseront la tristesse jalouse que le curé de Saint-Martin laissa quelquefois paraître (1).

(1) L'auteur ne voudrait pas que l'on vît dans ce récit un acte d'hostilité envers la célèbre Compagnie, dont plusieurs membres l'honorent de leur amitié, et avec laquelle il n'a

La transformation de l'abbaye de Saint-Vincent en arsenal mit fin à cette pénible épreuve et lui apporta quelque dédommagement, en fournissant au zèle du vrai pasteur un nouvel élément. Les jésuites de Saint-Vincent avaient établi une confrérie de Saint-Joseph dans leur chapelle, et les pieux exercices qui s'y faisaient en l'honneur du saint patriarche n'étaient peut-être pas le moindre des attraits qui procuraient aux révérends pères leur nombreuse clientèle. A leur départ, la statue de Saint-Joseph, son autel, les ex-voto qui y étaient suspendus et enfin la confrérie elle-même, qui compte aujourd'hui près de vingt-cinq mille associés, furent dévolus à la paroisse Saint-Martin.

Que le curé de Saint-Martin dût avoir à cœur de maintenir et de développer, dans sa paroisse, la dévotion à S. Joseph, dont tous les éléments lui avaient été attribués, personne n'en doutera. L'impulsion nouvelle qu'il lui donna a retenti pendant de longues années, après qu'il eut laissé à d'autres

jamais eu que les plus courtoises relations. S'il fallait à l'historien une excuse, il lui suffirait de citer le trait suivant de la *Vie du P. de Ravignan* par le P. de Ponlevoy (T. II p. 181). Le P. de Ravignan avait obtenu de Napoléon III une audience, où il espérait justifier ses collègues de Metz, dont le brillant collège était menacé, à la suite d'une gaminerie d'élèves : « Comment, demanda l'Empereur, depuis Henri IV avez-vous été un objet de répulsion ? » Le P. de Ravignan expliqua cette répulsion par divers motifs et il ajouta : « Enfin, nous ne le nions pas, il a pu y avoir et il y a eu, en effet, des fautes de la part de certains jésuites. En vérité je voudrais qu'on nous fit bien la réputation que nous méritons, celle de *maladroits*. » Je me garderais bien de contre signer cette appréciation qui fit sourire l'Empereur et qu'un jésuite seul pouvait se permettre, sans convaincre d'ailleurs son puissant interlocuteur. Je me rallierais plutôt au jugement du comte de Maistre quand il dit : « Les jésuites ne sont pas des perdeurs de temps ».

le soin de la faire prospérer, et aujourd'hui encore le *saint Joseph de Saint-Vincent* est l'objet d'un culte particulier, que les circonstances même les plus déplorables ne sauraient attiédir. *Filius accrescens Joseph.*

Adossé au beau pignon du XIIe siècle qui ferme le transept vers le Sud, l'autel de S. Joseph donna à M. l'abbé Baton l'idée de décorer cette partie, la plus intéressante de l'église, de cinq superbes verrières, où sont retracées les principales scènes de la vie du patriarche. Déjà il avait remplacé plusieurs fenêtres par des vitraux de valeur diverse, particulièrement à l'occasion de la catastrophe de 1870, où plusieurs Laonnois avaient, en compagnie des braves enfants de la Thiérache, trouvé la mort à la Citadelle, qu'un fou avait résolu de faire sauter, au moment où les Allemands viendraient en prendre possession.

A cette heure épouvantable de l'année terrible, le curé de Saint-Martin, quoique le désastre ne se fût pas produit sur sa paroisse, montra quel était son zèle et son dévoûment pour les âmes. C'est une trop belle page de la vie de Monseigneur Baton pour que nous ne la reproduisions pas ici, telle que l'a écrite le *Journal de l'Aisne* sous la dictée, semblerait-il, de celui qu'elle concerne, tant ce récit ressemble à celui que nous avons plusieurs fois recueilli de ses lèvres :

« Aussitôt la catastrophe, plusieurs prêtres de la ville, MM. Bourse, Fagard, Lecomte, Parizot, Tricotteux, se dirigèrent vers la citadelle, ne sachant encore au juste ce qui était arrivé et ne soupçonnant pas le douloureux spectacle dont ils allaient être témoins.

« A l'intersection de la rue du Cloître, un

factionnaire prussien arrête M. l'abbé Baton qui, ne sachant pas l'Allemand, trace un signe de croix et s'efforce de faire comprendre qu'il va porter les secours de son ministère aux blessés. Ayant pu avancer, il rencontre un peu plus loin, dans la même rue du Cloître, un officier à la figure bouleversée qui l'interpelle en français : « Ne passez pas, Monsieur, votre religion enseigne à violer la parole d'honneur ! » Avec ce calme qui le caractérisait, M. Baton répondit : « Je vais donner des secours aux blessés. Je ne sais pas ce qu'il y a eu : mais je sais que le général français qui commandait la citadelle est protestant comme vous. L'officier regarda fixement le prêtre, le laissa passer en ajoutant sur un ton plus doux : « Monsieur, voyez vos blessés. Mais pas un seul ne sortira avant que tous les nôtres soient mis en lieu sûr ».

« Ne pouvant que soupçonner encore l'épouvantable catastrophe, l'abbé Baton s'avançait dans la rue du Cloître au milieu des décombres qui barraient le passage.

« A l'entrée de la Citadelle, quel horrible spectacle ! Dans les fossés, 25 à 30 mobiles mutilés, déchirés, broyés, gisent ; parfois un membre remue, une tête se soulève, et puis tout retombe dans le silence de la mort. Le curé de Saint-Martin se met à genoux et crie de toute sa force : « Je suis un prêtre catholique, je dis pour vous l'acte de contrition et je vous absous au nom de Dieu ! ». Plusieurs bras se lèvent et font le signe de la croix, pendant que le prêtre dit en pleurant les paroles du pardon.

« Peu à peu, grâce au dévouement de tous, les blessés et les morts furent transportés dans les ambulances improvisées et surtout à l'Hôtel-Dieu. »

Avec résignation et non sans compassion, il

ouvrit les portes de son église pour recevoir les malheureux blessés de l'une et l'autre armée, que les salles de l'Hôtel-Dieu ne pouvaient contenir ; mais il montra une fermeté irréductible devant les chefs de l'armée allemande, lorsqu'ils prétendirent y faire célébrer le culte protestant, et il réussit à éloigner de Saint-Martin ce qu'il regardait comme une profanation.

CHAPITRE VII.

Travaux historiques. — Collections amassées par Monseigneur Baton. — Crypte de S. Génebaud. — Nommé promoteur.

Les vingt-six ans de ministère que l'abbé Baton donna à la seconde paroisse de Laon, ne furent pas toujours agités, grâce à Dieu, et il lui fut permis d'adjoindre aux occupations de la charge pastorale d'autres occupations dignes d'un prêtre, quoique étrangères à son état, donnant la preuve vivante de cette vérité que l'homme studieux trouve toujours de quoi s'occuper, après le devoir rempli.

Ménager du temps, ce facteur incomparable des bonnes choses et des utiles travaux, le curé de Saint-Martin occupait ses loisirs à l'étude de l'histoire locale, dont il fut l'un des meilleurs interprètes à la Société académique, à laquelle il resta attaché jusqu'au jour de sa mort, lui donnant, jusqu'à la fin, de nombreux travaux qu'elle a publiés dans son *Bulletin*.

Nous ne pouvons mieux apprécier les services rendus par le vénéré prélat à cette société d'élite que ne le fit son distingué président, M. Servant, dans la réunion qui suivit la mort de ce bon ouvrier :

« Monseigneur Baton faisait partie de notre Société depuis de longues années.

« Toujours assidu à nos séances, notre vénérable collègue n'a cessé un seul instant, malgré son grand âge et jusqu'au jour où la maladie est venu le priver de toute sortie, de déployer parmi nous la plus grande activité. Nous trouvons la dernière trace de son labeur dans les lectures qu'il nous faisait récemment encore, ainsi qu'en témoignent nos procès-verbaux, de ces notes si intéressantes sur le vieux Laon religieux.

« De sa carrière si remplie, il nous reste un grand nombre d'études, publiées dans nos Bulletins, et aussi remarquables par la forme et la variété que par leur sérieuse documentation.

« Il nous restera encore, nous devons l'espérer, par respect pour ses intentions recueillies ici même, les notes sur le vieux Laon, qu'il nous destinait, et dont il n'a pu nous donner avant sa mort qu'une faible partie, que vous avez déjà décidé, Messieurs, de publier. Nous recevrons avec gratitude des mains de ses représentants les derniers éléments de ce travail, auquel nous désirons réserver une large place dans nos plus prochaines publications ».

C'est son amour du pays où la Providence l'avait envoyé, autant que celui des traditions religieuses, qui lui fit acheter, l'occasion s'en présentant favorable, la *Crypte de S. Génebaud*, située sur la paroisse de Saint-Martin, entre la rue Carlier-Hennecart et la place Saint-Julien. Il avait le dessein de restaurer ce lieu sanctifié par la pénitence du premier évêque de Laon ; mais les circonstances ne s'y étant point prêtées, la crypte est restée en l'état où il l'avait reçue.

Il avait commencé, quand il était dans le Tardenois, un cabinet de minéralogie et de géologie ; il poursuivit son idée sur un nouveau terrain et profita des ressources que lui offrait le Laonnois pour enrichir sa collection qui est unique, dans la contrée, par le nombre et la valeur des objets classés dans ses vitrines. Il était aussi collectionneur de monnaies anciennes, et son médaillier offre un choix assez rare de monnaies gauloises et laonnoises, auxquelles il attachait un grand prix. Dirons-nous qu'il collectionnait aussi les gravures ? Ajoutons seulement que les livres rares et les manuscrits intéressant le pays étaient aussi l'objet de ses recherches, où l'on pouvait remarquer le bon goût de l'amateur et les connaissances de l'érudit.

Pendant que, délivré de tout souci de son intérieur, grâce à l'intelligence et au dévoûment de la maîtresse de maison qu'était sa plus jeune sœur, il se livrait au ministère et à l'étude, M. l'archiprêtre Tévenart avait vieilli, et, si verte que fût sa vieillesse, il ne pouvait plus, à la fin, remplir toutes ses fonctions ; c'est ainsi que le promoteur, M. le chanoine Baton, remplaçait le vénérable archiprêtre pour les installations. Un jour que le délégué avait installé à La Fère, comme doyen, M. l'abbé Mignot, aujourd'hui archevêque d'Albi, M. Tévenart qui n'avait pas toujours mis en pratique à l'égard de M. l'abbé Baton le mot de Bossuet (1) : « C'est aux « supérieurs à descendre, à prévenir » lui dit d'un ton aussi aimable que spirituel : « Vous venez de

(1) Elévations sur les Mystères, XIVe Semaine 1re Elévation.

remplir les fonctions d'un successeur. » Peut-être ne savait-il pas dire si vrai.

En effet, en 1880, quand il s'agit de donner un successeur à M. Tévenart, si l'évêché pensa à M. le chanoine Péronne qui refusa d'ailleurs en invoquant son origine laonnoise, la ville pensa à M. le curé Baton qu'elle avait vu à l'œuvre pendant de longues années ; et, de fait, le curé de Saint-Martin fut bientôt promu à la cure de Notre-Dame.

CHAPITRE VIII.

Monseigneur Baton, archiprêtre de Laon. — Son activité de curé. — Prédication. — Messes tardives. — Cathéchisme.

Le chanoine Baton, devenu archiprêtre, semblait avoir pris, avec l'âge et la nouvelle responsabilité, des forces insoupçonnées chez lui jusqu'alors, et il se montra, dans cet emploi, le pasteur modèle.

Quelle que fût la saison, il ne s'attardait pas au lit, le souci des devoirs de sa grande charge l'en empêchait :

> Quippe nec Atriden Agamemnona dulcis habebat
> Somnus, multigenas versantem pectore curas. (1)

Le premier arrivé, chaque matin, à la cathédrale, il se rendait à sa chapelle, et près de son confessionnal, il accomplissait ses devoirs personnels de piété, qu'il n'interrompait que pour entendre ses pénitents ou pénitentes. A moins qu'il n'en fût empêché par quelque autre devoir, il présidait lui-même tous les

(1) Ovide.

offices des dimanches et fêtes et souvent il lui arrivait de chanter les messes tardives et de dire les dernières messes, pour soulager, disait-il, ses vicaires, envers lesquels il se conduisit toujours comme un père, sans se rendre compte hélas ! que s'il en avait toujours la bonté, il en avait quelquefois la faiblesse. Ajoutons, pour être juste, que les vicaires qui lui furent donnés étaient dignes de sa confiance. Pour n'en citer qu'un — une mort prématurée nous permettant de le nommer — M. l'abbé Bouxin, qui fut, dans les dernières années de sa vie, le bras droit du digne archiprêtre, aurait hérité de son supérieur l'amour du devoir, le zèle pour les âmes et le goût de l'étude, s'il n'avait déjà apporté à Laon ces qualités qui firent de ce jeune prêtre un excellent vicaire et un érudit de distinction : Sa *Cathédrale de Laon*, dont il dut commander un second tirage, en est la preuve. Quoi qu'il en soit, tous ceux qui eurent le bonheur de travailler sous ses ordres, lui montrèrent jusqu'au bout un très fidèle et très respectueux attachement.

Comme curé de Notre-Dame, le chanoine Baton donnait à son tour et, à certaine époque, plus souvent qu'à son tour, le prône à la grand'messe du dimanche ; mais il se réservait la prédication de toutes les réunions pieuses et des confréries nombreuses qu'il trouva établies à la Cathédrale. Aux exercices du mois de Marie, c'était encore sa voix qu'on entendait le plus souvent et ce ne fut qu'à la fin de son ministère qu'il consentit à abandonner à ses auxiliaires quelques-unes de ces instructions, en même temps que son catéchisme dont il ne voulait point se départir.

Le chanoine Baton n'était point, à proprement parler, un orateur aux grands effets — il aurait plutôt manqué de ce que les rhétoriciens appellent l'extérieur oratoire — ; mais sa parole toujours claire, nourrie de la doctrine des Pères et des auteurs spirituels, éminemment pratique, d'une correction irréprochable dans la forme, était de celles qui portent la conviction dans les âmes. Quand son sujet le passionnait, chacun des mots qu'il prononçait semblait un coup de marteau donné pour enfoncer la vérité envers et contre toute résistance. Cet ensemble de qualités qui n'avaient rien de commun avec celles de son prédécesseur, perdant la notion du temps, dès qu'il arrivait en chaire, rendait aux paroissiens le goût de la parole pastorale, et l'on alla entendre, avec empressement et non sans fruit, les sermons du nouveau curé. C'était la juste récompense du soin religieux avec lequel le chanoine Baton préparait ses instructions.

CHAPITRE IX.

Comment il remplit son office d'archiprêtre.— Son travail sur la fête du Saint-Sacrement.

Il ne refusait point de prêcher dans les églises de son doyenné, où il se faisait un devoir de présider les cérémonies solennelles ; on lui était même agréable en l'invitant comme prédicateur, surtout aux adorations perpétuelles du Saint-Sacrement.

C'est qu'il y trouvait l'occasion sinon d'établir, du moins de dessiner une thèse chère à son cœur de prêtre et de laonnois, autant qu'antipathique aux liégeois, à savoir que l'origine de la fête du Saint-

Sacrement doit être assignée à Laon, où Jacques Pantaléon fut successivement enfant de chœur, chanoine et archidiacre, et non à Liège, par où il ne serait point passé, avant son élévation au Souverain Pontificat.

Cette thèse, que corroborent certains détails de l'histoire locale et quelques monuments de l'époque subsistant encore aujourd'hui, il la développa dans un écrit très étudié qu'il croyait pouvoir lire, en un certain congrès ; mais on ne voulut pas l'entendre et il en fut profondément humilié et chagriné. Ses arguments lui semblaient si solides, ses conclusions si rigoureusement déduites qu'il eut de la peine à ne pas croire à un parti pris du côté de ses adversaires. Cette étude, quelle que soit la valeur des arguments et de la conclusion, ne sera pas perdue pour ceux qui voudront reprendre la question ; car elle a été recueillie dans les pages de la *Semaine religieuse*.

Quant à son auteur, sans peut-être renoncer à ses convictions personnelles — il aimait tant sa ville de Laon et ce qui pouvait l'honorer — du jour où le Souverain-Pontife délégua l'évêque de Liège à la présidence des congrès eucharistiques, il garda le silence d'un fils soumis de l'Eglise.

En quittant sa paroisse, pour prendre un repos bien justifié, Monseigneur Baton disait à l'auteur de ces pages : « Nous ne voyons pas assez nos » paroissiens ; j'ai eu le tort de ne pas les voir » assez ». C'est sans doute le seul reproche que mérita son ministère. Mais quand on est à la tête d'une grande paroisse, qu'on a sur les bras l'administration d'un canton, si l'on veut étudier, faire des recherches, ajouter, en un mot, aux devoirs de sa charge les travaux scientifiques ou littéraires.

comment trouver le temps de visiter l'une après l'autre toutes les familles d'une paroisse qui s'étend de la montagne dans la plaine ? De plus, à une époque où les amis du prêtre n'osent se montrer et où ses ennemis n'osent encore se déclarer, il y a une sélection très délicate à faire et qui demanderait, du prêtre qui tient à cette visite pastorale, une science certaine des sentiments intimes de chacun, à moins qu'il ne consente à courir les risques de plusieurs affronts. Enfin, dans une ville de fonctionnaires, combien de braves gens refuseraient d'ouvrir leur porte au curé, qu'ils estiment d'ailleurs, de crainte de se compromettre et de ruiner à jamais leur avenir ! Ceux qu'il n'a jamais négligés ce furent les malades. Ah ! pour ceux-là, il savait se démarcher le jour et la nuit, à toute heure, et jusqu'à l'âge le plus avancé, tant qu'il eut charge d'âmes.

CHAPITRE X.

Sa conduite envers ses Confrères. — Supérieur des Sœurs Augustines. — Confesseur des Religieuses.

Si le chanoine Baton, curé, avait peu de relations avec les gens du monde, doyen et archiprêtre, il ne professait point à l'égard de ses confrères cette grande réserve. Outre que sa porte était ouverte toujours et à tous, il aimait à se trouver au milieu des prêtres de sa juridiction, soit qu'il les reçût chez lui, soit qu'il fût appelé chez eux. Avec quelle bonté et quelle joie manifestes il accueillait les curés du doyenné à sa table toujours abondamment servie, mais dont le luxe était aussi constamment absent que la parcimonie. Et quelle n'était pas sa satisfaction de présider les repas d'usage dans les presbytères où le clergé se rendait soit pour ses conférences, soit pour les examens de catéchisme, soit enfin pour quelque fête extraordinaire.

Dans ces réunions ecclésiastiques, il se sentait à l'aise ; et sa manière d'être était celle d'un frère aîné avec ses frères : *Primus inter pares*. Que de fois même, grâce à l'exubérance intempestive de certains confrères, il toléra dans ces réunions de n'être plus le premier, négligeant même de leur rappeler le précepte : *Noli verbosus esse in multitudine presbyterorum* (1).

C'est que, d'un abord froid ou plutôt timide en face des inconnus, sa nature, dans l'intimité, se montrait faite de bonhomie condescendante, alliée à une douce gaîté, que rehaussait la saveur d'un certain sel gaulois, dont d'ailleurs il ne fit jamais abus, malgré l'encouragement de l'exemple ; c'est que, sans qu'il ignorât certaines emprises d'ailleurs irréfléchies et sans conséquence, sur ses prérogatives présidentielles, il n'entrait point dans son caractère de revendiquer ses droits de supérieur, que certains oubliaient parfois, sans jamais les méconnaître, et qu'il n'était point l'homme disposé à combattre en face ce qui lui déplaisait ; car la lutte ouverte lui déplaisait plus que tout : il en a donné mille preuves, au cours de sa longue existence. Il pouvait dire comme certain héros de Regnard :

> J'abhorre le fracas, le bruit, la turbulence.

Sa conduite, qui semblait obéir à un programme tout pacifique de calme et de douceur, fut la même dans la direction de la communauté des religieuses

(1) Ecclésiastique, ch. VI.

Augustines de l'Hôtel-Dieu, dont il fut, durant de longues années, le sage conseiller à titre de Supérieur. Cependant, il savait montrer son autorité et dire la parole impérative lorsque les circonstances le demandaient. Peut-être eut-il le tort — dont personne ne lui fit un grief, du reste — de tenir trop fermement aux vieux usages et aux règles quelque peu moyenâgeuses de ces bonnes religieuses, alors que les nécessités du temps et les exigences administratives commandaient un tempérament à certaines pratiques, d'ailleurs incomprises du monde si peu chrétien au milieu duquel les sœurs Augustines exercent leur charitable mission et déploient leur inappréciable dévoûment.

Le poids de la responsabilité d'un Ordre religieux, au milieu de difficultés sans cesse croissantes, que lui créaient les temps nouveaux, ajouté à ses charges curiales et au fardeau toujours plus lourd d'un grand âge, le détermina à se démettre de ses fonctions, sans toutefois renoncer à ses bonnes relations avec la Communauté, ni cesser de donner à chacun de ses membres des témoignages du sacerdotal intérêt qu'il leur avait voué.

La Communauté de l'Hôtel-Dieu, avec laquelle il avait eu des relations de bon voisinage, pendant son séjour au presbytère de Saint-Martin, n'avait point d'ailleurs absorbé à elle seule la sollicitude du chanoine-archiprêtre. Il fut en effet assez longtemps le confesseur de toutes les communautés de la ville. Son exactitude pour le jour et l'heure des confessions était proverbiale. Quand on pense au nombre d'âmes, dont il fut le confident et qu'il maintint ou dirigea dans la voie de la perfection évangélique, on se demande comment il pouvait suffire à tout et mener de front les études de spiritualité nécessaires à cet emploi et les occupations presque matérielles qui devaient absorber une partie de son temps. C'est que si Dieu ne lui avait point départi les dons éclatants qui éblouissent, il avait mis en lui une générale et égale aptitude pour toute chose bonne : *Ad omne opus bonum instructus* (1).

CHAPITRE X.

Monseigneur Baton et les Reliques. — Son Amour pour la Sainte-Face. — Le chemin de la Croix de la Cathédrale. Le Maître-Autel. — L'Orgue.

Sans pouvoir ni diriger, ni contrôler, comme à Saint-Martin, les travaux de restauration dont la Cathédrale de Laon — cette merveille longtemps méconnue — est l'objet depuis un demi-siècle, M. l'archiprêtre Baton s'intéressait grandement à tout ce qui pouvait rehausser la magnificence de son église dont il connut bientôt tous les détails, j'allais dire toutes les pierres. D'autre part, il n'était pas homme à négliger la partie mobilière ou ornementale, abandonnée par l'architecte à la compétence du curé, avec le soin d'y pourvoir.

Son premier travail, dont il n'avait donné qu'une esquisse à Saint-Martin, fut de colliger et de reconnaître toutes les reliques que possédait la Cathédrale.

Hélas ! les guerres et la Révolution avaient fait disparaître un grand nombre de celles que le Chapitre de Laon porta en procession à travers la

(1) IIe Epître à Timothée, ch. III.

France et l'Angleterre, au moment de la reconstruction de son église. Mais il enrichit ce trésor et le compléta, en recueillant partout où il sut se faire agréer, quelques ossements du moins des saints laonnois.

Pour recevoir ces restes, si précieux aux yeux de la foi et si intéressants pour l'histoire de Laon, il commanda des châsses de style, dont les âmes pieuses furent heureuses de faire les frais, et utilisa, après restauration, les vieux reliquaires qui méritaient d'être conservés. Il obtint, pour les reliques, une chapelle nouvellement restaurée, où elles furent rangées avec cette méthode que le bon prêtre savait apporter en toutes choses.

A l'occasion de cette translation, il organisa une splendide cérémonie que daigna présider l'archevêque de Reims et qui a laissé dans le cœur des laonnois un impérissable souvenir. On parle encore de cette magnique procession qui remplissait les rues de la petite ville, de ces châsses qui brillaient sous les rayons d'un soleil d'été, de ce nombreux clergé revêtu de riches ornements, de ces chants qui retentissaient en plein air, de tout cet ensemble du culte public si bien fait pour le dehors, mais qui n'a plus le droit de se montrer aujourd'hui. Parmi tous les reliquaires, celui qui attira le plus les regards, et avec raison, ce fut celui de la Sainte-Face, qu'on retrouva à l'Exposition universelle de 1889, au premier rang des objets d'orfévrerie d'église.

En même temps qu'il donnait à la Vénérable Image, envoyée de Rome par Urbain IV, un cadre richement artistique et, autant que possible, digne de la contenir, en tout cas capable de la faire apprécier, il réorganisait le culte et le pèlerinage de la Sainte-Face, avec ce zèle discret mais tenace qu'il apportait dans toutes ses entreprises.

Comme il était heureux de recevoir les pèlerins de retour de Notre-Dame de Liesse, montant à la Cathédrale pour achever leurs dévotions devant l'image du Sauveur ! Avec quelle conviction enthousiaste, il en racontait l'histoire ! Il ne disait point par quelle suite d'incidents elle était arrivée à la Cathédrale ; mais on n'est pas obligé de tout dire. Il aurait désiré obtenir de Rome la concession de l'ancien office de la Sainte-Face ; hélas ! il devait mourir sans voir son pieux désir satisfait, malgré les instances de plusieurs évêques de Soissons. Pourquoi n'y pensa-t-on pas lors de la première rédaction ou, au moins, lors de la révision de notre Propre Soissonnais ?

C'est encore au digne archiprêtre que la Cathédrale de Laon doit le Chemin de Croix, en bronze émaillé, qui s'y rencontre, je ne dis pas, et pour cause, qu'on y admire. L'architecte diocésain, M. Bœsiswald, qui en fit les dessins – sans doute très corrects au point de vue du style — n'y a rien mis qui pût exciter ou même entretenir la piété, au grand regret du curé et de la paroisse, qui n'ont point marchandé sur le prix. On se demande aussi pourquoi ces stations de pur gothique ont été placées au-dessus des cloisons d'une si franche Renaissance, qui forment les gracieuses chapelles du pourtour du chœur, malgré les protestations avisées de M. le chanoine Baton. Ce n'est pas la seule fois que le bon archiprêtre dut constater que, si le charbonnier est maître dans sa hutte, le curé n'est plus maître dans son église, dès que l'Etat s'y intéresse. Mais que sera-ce demain ?

Le même architecte, quoique pressé à maintes reprises et par tous les moyens, de se mettre à la construction du maître-autel monumental, pour l'érection duquel un legs très important avait été fait par Mme Milon de Martigny, n'en avait même point achevé le plan quand la mort vint le frapper, et ce fut un des chagrins de Monseigneur Baton de quitter la Cathédrale sans y avoir vu dressé l'autel qu'il avait rêvé.

Comme par une dérision des choses, quelques pièces de ce monument arrivaient à Laon, à la date fatale du 9 décembre 1906. Quand sera-t-il monté ? Qui le paiera ? Que seront devenus et le principal et les intérêts accumulés pendant les années d'une attente exclusivement attribuable au bon plaisir d'un architecte? L'avenir est seul chargé de résoudre ces questions, au sujet desquelles nous ne pouvons rien préjuger.

Quoi qu'il advienne de l'autel, le grand orgue, qui avait été déplacé et ravagé par les ouvriers d'architecture, ne pouvait échapper à la sollicitude de Monseigneur Baton. Après bien des études sans succès et des tergiversations sans fin, il obtint, du Conseil de Fabrique, l'autorisation de le faire reconstruire et, de l'architecte, celle de le remettre à sa place légitime et primitive. C'était une affaire considérable et pour laquelle il fallait beaucoup d'argent.

Le promoteur de l'œuvre en sut trouver, tant dans sa bourse que dans celle de ses paroissiens. Grâce à certaines influences inexpérimentées, auxquelles on se fia trop facilement, la valeur de l'instrument ne répond pas au prix qu'il a coûté, sans que le facteur y ait gagné sa vie. L'insuffisance de la soufflerie, d'ailleurs mal placée, l'uniformité des timbres dans chaque famille de jeux, la mauvaise place donnée aux jeux du positif dont on a vidé le buffet, sans parler d'autres détails où la critique pourrait s'exercer, l'empêchent de mériter tous les éloges que l'on en fit, lors de l'inauguration, à laquelle prirent part les *Chanteurs de Saint-Gervais* et que vint présider Monseigneur l'Evêque de Soissons.

CHAPITRE XII.

Reconstitution de l'École chrétienne. — Cercle de jeunes gens et de jeunes filles.

Mais le curé tient surtout à réussir dans les œuvres où le salut des âmes, la gloire de Jésus-Christ et les droits de l'Eglise sont intéressés. Or, l'éducation et l'instruction chrétiennes de l'enfant, de l'enfant de France surtout, est de celles-là.

Dès 1887, malgré les délais que la funeste loi Ferry laissait aux communes, la Municipalité de Laon — on se demande encore pourquoi — avait résolu la laïcisation de l'école communale des garçons, qui était tenue, depuis la fondation de leur Institut, par les Frères de S. Jean-Baptiste de la Salle et qui avait été établie d'abord sur le territoire actuel de la paroisse de Saint-Martin, par le curé de Saint-Pierre-le-Vieil, avec le concours des Prémontrés, ses voisins.

Les curés de Laon ne pouvaient point se désintéresser de cette décision, que d'aucuns jugèrent alors prématurée et marquée d'un zèle excessif de laïcisation.

Dès qu'elle lui fut connue, M. l'archiprêtre Baton s'assura du concours du nouveau curé de Saint-

Martin et de quelques chrétiens résolus de la ville et des environs. Ensemble, les deux curés d'en haut, comme on les appelait alors, l'aîné conduisant l'autre, parcoururent leurs paroisses, demandant, à toutes les portes renommées charitables, l'aumône chrétienne pour le maintien de l'école chrétienne. L'ardeur fut telle du côté des paroissiens, qu'après trois mois de démarches et de travaux, l'ouverture d'une école libre, où les Frères pourraient continuer à donner l'enseignement religieux aux enfants de la ville de Laon, était définitivement chose faite.

Ce fut une grande joie, pour le cœur du curé de la Cathédrale, de voir presque tous les anciens élèves des Frères suivre leurs bons maîtres ; mais la joie ne devait pas durer longtemps : des ordres furent donnés, et l'on vit peu à peu le nombre des élèves de l'Ecole chrétienne décroître sous l'influence de la peur, alors qu'il était encore temps de protester contre le mépris des droits les plus sacrés des pères de famille. Ces défections, qui d'ailleurs ne vinrent que du côté des fonctionnaires et des indigents, ne découragèrent point le restaurateur de l'Ecole chrétienne dans la ville de Laon.

Tant qu'il fut archiprêtre, il pourvut à tous ses besoins, soit de ses deniers personnels, soit au moyen des offrandes remises entre ses mains à destination de cette œuvre, dont les hommes intelligents continuent à estimer la légitime et nécessaire influence.

Quand, à son tour, l'Ecole des filles tenue, de temps immémorial, par les Religieuses de la Providence, fut laïcisée conformément à la loi, l'archiprêtre fit pour elle ce qu'il avait fait pour l'autre : de communale qu'elle était, elle devint paroissiale.

Aux mêmes besoins, il répondit par le même empressement et la même sollicitude. Pourquoi cette école a-t-elle cessé d'exister ? Que ne pouvons-nous aujourd'hui adresser aux pieuses institutrices qui la dirigeaient autre chose que nos profonds et sans doute inutiles regrets ?

Cette ruine nous rappelle d'autres pertes, qui sont aujourd'hui en voie d'heureuse réparation, grâce au zèle des braves cœurs, dont la race survit à toutes les épreuves, dans la bonne ville de Laon. Lorsque le chanoine Baton arriva à la paroisse de Notre-Dame, il y trouva deux œuvres de jeunesse, sinon florissantes, du moins suffisamment vivantes pour faire quelque bien aux jeunes gens et aux jeunes filles : Le Cercle catholique, fondé par M. l'abbé L'Eleu de la Simone, qui en garda la direction jusqu'à sa mort, et la Persévérance des Jeunes filles dirigée par les Dames de la Providence et leur aumônier.

Le bon curé se fit un devoir d'encourager ces deux créations d'autrui, en assistant à toutes les fêtes que le Cercle ou la Persévérance organisaient et en leur apportant, quand il en était besoin, les larges subventions de sa charité.

Peut-être aurait-il pu leur assurer la force de vivre, en leur donnant une organisation plus musclée et en s'en réservant, comme le voudrait le Pape actuel, la direction sinon immédiate et de détails, du moins réelle et avisée, cette direction vraiment curiale, à laquelle toutes les âmes entreprenantes ne se prêtent point avec une égale docilité, et sans laquelle pourtant les plus louables volontés risquent de faire fausse route, et les meilleures œuvres, après avoir plutôt ébloui qu'éclairé, s'éteignent d'elles-mêmes, comme un feu de paille, faute d'aliments. Sénèque l'a dit : Toute santé vient de la tête, *A capite omnis valetudo.*

CHAPITRE XIII.

Faubourg Saint-Marcel. — Érection d'une Église

Depuis son arrivée à la cure de Notre-Dame, le chanoine Baton avait vu se développer considérablement, autour de la gare et sur le territoire de sa paroisse, le faubourg de Saint-Marcel, dont l'église détruite à l'époque révolutionnaire n'avait point été rétablie au cours du dix-neuvième siècle. Une nombreuse et intéressante population, en majorité composée d'ouvriers et d'employés de chemin de fer, ne pouvait donc accomplir ses devoirs religieux qu'en gravissant la montagne, pour se rendre à la cathédrale, ou en fréquentant une paroisse plus rapprochée et plus facile à atteindre. Ce dernier parti était le plus souvent adopté pour les convois et les mariages ; mais, pour le reste, ni l'un ni l'autre n'était mis en usage par le plus grand nombre. D'un côté, c'était un désordre, de l'autre c'était un malheur : à aucun des deux, le cœur d'un vrai pasteur ne pouvait rester insensible, d'autant moins que cet état de choses, dont la topographie est seule responsable, était l'objet de justes plaintes de la part des intéressés et l'occasion, entre les deux paroisses, d'inévitables difficultés, dont le curé de la cathédrale eut le plus à souffrir.

C'est ce qui décida le vénérable archiprêtre à prendre sur ses épaules déjà chargées d'années, et à cet âge où la prudence de La Fontaine défend de planter, où personne même ne songe plus à bâtir, le fardeau d'une entreprise qui en aurait fait reculer de plus jeunes : la construction d'une église dans ce quartier déshérité. Sans compter avec les difficultés de toute espèce que son dessein devait rencontrer, il chercha les fonds nécessaires, acheta la terrain, fit dresser un plan et un devis, arrêta un entrepreneur, remplit les formalités interminables exigées pour obtenir le droit de bâtir et ce pendant on lui reprochait de se hâter trop lentement.

Enfin les impatients virent les murs sortir de terre et la gracieuse chapelle de secours fut construite, le mobilier fut acheté ; bien mieux, Monseigneur Baton en assura la propriété à la Fabrique de la Cathédrale et constitua la rente nécessaire à son entretien ; mais l'église...... n'est pas encore ouverte et cette construction, de style roman, qui est loin de déparer le paysage, n'est utilisée que comme salle de catéchisme. Disons que l'œuvre n'est pas complète ; une maison presbytérale avec jardin, était prévue pour l'avenir, et l'église, quoique de belles dimensions et d'un ensemble élégant, avait été conçue avec un transept et une abside qui seraient venus, avec le temps, la compléter.

Hélas ! Que sera-t-il de ces projets ? Il y aurait témérité à les vouloir montrer, même à travers le prisme de l'Espérance, comme réalisables dans un avenir prochain. *Sic vos non vobis nidificatis aves* (1).

(1) Virgile. — Au moment où nous livrons ces pages à l'impression, nous apprenons que l'église de Saint-Marcel sera ouverte au culte le premier dimanche de Mai, comme dit Alfred de Musset :

Tandis que, soulevant les voiles de l'aurore,
Le printemps *inquiet* paraît à l'horizon.

Monseigneur Baton est mort sans avoir la consolation de voir sa grande œuvre utilisée.

CHAPITRE XIV.

Monseigneur Baton vicaire-général. — Fêtes de ses noces d'or. — Monseigneur Baton protonotaire apostolique. — Son humilité dans la grandeur.

Entre temps, M. le chanoine Baton, à qui Monseigneur Thibaudier avait donné des lettres de vicaire-général, avait célébré ses noces d'or sacerdotales, et, à cette occasion, les deux paroisses de la ville, Notre-Dame et Saint-Martin, n'avaient eu qu'un cœur et qu'une âme, pour offrir au vénéré jubilaire un éclatant témoignage de leur respect filial et de leur profonde reconnaissance. Elles rivalisèrent de générosité dans l'offrande, qu'elles firent à leur commun pasteur, de riches présents dont on a pu dire : *Materiam superabat opus*, le travail surpasse la matière, tant la gratitude avait habilement conduit les mains délicates qui les avaient exécutés. Les prêtres de la ville et du doyenné avaient célébré, en portant leurs félicitations et leurs vœux à leur archiprêtre, la vigile de cette solennité, dont on ne trouve point d'exemple dans l'histoire religieuse de Laon. A ces souhaits ils avaient joint, en s'unissant aux communautés religieuses de la ville, un souvenir qui apparut comme la pièce principale au milieu de tous les cadeaux qui étaient exposés. Messieurs les doyens de l'arrondissement avaient eux-mêmes offert leur présent. Enfin les ecclésiastiques qui s'attardent dans leurs rencontres avec la Muse, avaient accordé leur lyre, pour chanter le héros de la fête, qui eut lieu à la cathédrale, le 5 juillet 1894.

Elle était ornée comme aux plus grands jours, et la reconnaissance, autant et plus que la curiosité, avait rempli l'immense enceinte d'une foule sympathique et recueillie, comme il convenait à cette fête, toute de religion, dont le célébrant était lui-même l'objet. Deux évêques, Monseigneur Duval, évêque de Soissons, et Monseigneur Mignot, alors évêque de Fréjus, escortés de cinquante prêtres, dignitaires pour la plupart, quelques-uns condisciples du jubilaire, ratifièrent et rehaussèrent, de leur présence toute d'estime et d'amitié, l'éclat de cette chrétienne manifestation.

M. le vicaire-général Brancourt, dans une pieuse allocution, montra la grandeur et la noblesse des jubilés sacerdotaux et dit les sentiments que doivent éveiller dans les cœurs les noces d'or d'un prêtre. Il n'oublia pas de louer, avec la délicatesse qu'il sait employer en toutes choses, les mérites nombreux et le ministère fécond du vénérable archiprêtre, qui avait déjà donné à la ville de Laon quarante ans de son existence et de son sacerdoce (1854-1894). *Grande mortalis ævi spatium.*

Celui qui était l'objet de si touchantes démonstrations ne pouvait point ne pas parler, et cependant l'émotion à laquelle il était en proie ne le lui aurait pas permis, si des larmes sédatives n'étaient montées à ses yeux. Son discours ne fut qu'une action de grâces à Dieu, à la Sainte-Vierge et aux hommes des diverses paroisses qu'il avait gouvernées.

Cette fête lui apporta plus de bonheur encore que d'honneur, si flatteurs qu'aient pu lui paraître les hommages qu'il reçut en cette circonstance. Au reste on peut adapter à la vie de Monseigneur Baton la parole de Saint-Grégoire de Nazianze : Il n'a point poursuivi les honneurs, mais les honneurs l'ont recherché : *Non honorem prosecutus, sed ab honore quæsitus.*

En effet, si Monseigneur Duval, à cette occasion, n'avait pas cru devoir demander à Rome, pour l'archiprêtre de Laon, la plus haute dignité qui puisse être accordée au simple prêtre, Monseigneur Deramecourt, à son premier voyage *ad limina*, sollicita et obtint du Souverain-Pontife, en faveur du premier curé de sa seconde ville épiscopale, le titre de protonotaire apostolique *ad instar participantium*, c'est-à-dire participant à plusieurs privilèges réservés à l'évêque, particulièrement celui d'officier pontificalement avec la mitre, la croix pastorale et l'anneau. Depuis le rétablissement du culte, cet honneur n'avait été accordé, dans le diocèse, qu'à Monseigneur Mathieu, archiprêtre de Saint-Quentin.

Cette distinction, personne ne s'en étonnera, réjouit moins celui qui en était l'objet que ses paroissiens et ses nombreux amis du clergé diocésain ; car il avait été le seul, sans doute, à ne point regretter qu'elle ne lui ait point été offerte comme couronnement de ses cinquante années de prêtrise.

On a dit, — et cela est vrai pour les ambitieux — que les honneurs modifient les mœurs : *Honores mutant mores.* Monseigneur Baton, au contraire, resta ce qu'il était auparavant, digne et simple et toujours abordable. D'ailleurs, à l'âge où il revêtit les insignes prélatices, on sait ce que vaut l'aune de toutes les décorations, aux yeux de Dieu et même dans l'opinion des hommes sages. Ce qui parut flatter davantage le nouveau protonotaire, ce fut le gland rose, dont il avait le droit d'orner son chapeau. — « Au moins avec cela, disait-il, on ne me le prendra plus. » En effet les emprunts attribuables à la distraction, dont il avait été plus d'une fois victime, ne se renouvelèrent plus, du moins à son détriment.

Il officia pontificalement à la cathédrale, les jours de fêtes solennelles, tant que sa santé le lui permit; il accorda une fois le même honneur à son ancienne paroisse de Saint-Martin et une fois aussi à Notre-Dame de Liesse, dont la Vierge lui fut toujours si chère, dans cette magnifique solennité des pèlerinages qui se déployait cette année-là sur la place de la dévote bourgade. Sans avoir jamais été sérieusement brouillé avec la liturgie romaine, il était visible que ses relations avec elle avaient été plutôt exemptes d'intimité; aussi dans ses fonctions pontificales, se laissait-il guider docilement par M. l'abbé Bouxin, qui connaissait jusqu'aux détails les plus minutieux du cérémonial. Sous la mitre, dont la blancheur se mêlait à la blancheur de ses cheveux, Monseigneur Baton n'avait point cette majesté naturelle à quelques-uns et que certains savent emprunter quand ils le croient utile; mais avec quelle piété, quelle modestie et quelle dignité il officiait !

Ses armoiries étaient *d'azur à la Vierge d'or*, avec la devise : *Læva tenet natum dextera baculum*. On y a vu le témoignage de sa dévotion à la Sainte-Vierge, à laquelle il attribuait sa vocation et les succès de son ministère à Saponay, à La Ferté-Milon, enfin à la cathédrale de Laon, dont les paroisses sont confiées à la maternelle protection de Marie, comme il le rappelait au jour de ses noces d'or, dans la touchante allocution qu'il y prononça.

CHAPITRE XV.

Monseigneur Baton se démet de ses fonctions. — Démission refusée. — Nouvelle démission. — Il s'engage à se retirer à Soissons et se retire à Laon.

En 1899, après une maladie à laquelle la plupart des vieillards succombent, mais qui, grâce à sa nature robuste, n'eut chez lui d'autre résultat qu'un affaiblissement général, Monseigneur Baton, craignant que les âmes confiés à ses soins n'eussent à en souffrir, pria son évêque de le relever de ses fonctions de curé-archiprêtre. Monseigneur Deramecourt qui aimait, disait-il, voir les prêtres mourir à leur poste et les armes à la main, comme lui-même devait mourir, mais à un autre âge, n'agréa point cette démarche, dictée, non par le désir d'un repos d'ailleurs dûment mérité, mais par la délicatesse d'une conscience qui craignait de ne plus se trouver à la hauteur de ses devoirs.

A la volonté de son évêque, Monseigneur Baton ne songea pas à opposer la sienne. Il dit comme saint Martin, sous le patronage duquel il avait vécu tant d'heureuses années : Seigneur, si je suis encore nécessaire à votre peuple je ne refuse point le travail. *Si adhuc populo tuo sum necessarius, non recuso laborem.* Et avec la docilité d'un enfant, le vénérable archiprêtre se remit à l'œuvre, consacrant le reste de ses forces à la paroisse de Notre-Dame, à laquelle d'ailleurs tant de liens le maintenaient attaché. Et, pendant quatre ans encore, on le vit à l'ouvrage, sinon avec la même intelligente énergie, — car tout décroit, dans l'homme, sous le souffle glacé de la vieillesse — mais avec le même zèle et la même assiduité, n'aspirant plus à un autre repos que celui du ciel.

Il devait pourtant jouir ici-bas de quelques loisirs et édifier dans la retraite la ville qu'il avait depuis un demi-siècle édifiée en activité de service.

En effet, au cours de la retraite ecclésiastique de l'année 1903 dont il suivit les exercices, laborieux à tout âge, avec une régularité de jeune novice, que le Révérendissime Président ne put se défendre de signaler à tous, comme un sujet de commune édification, Monseigneur Baton donna derechef sa démission, qui cette fois fut acceptée. On a dit — on a dit tant de choses — que la lettre du vénérable démissionnaire que publia la *Semaine Religieuse* et qui, en exécution d'un protocole extraordinaire, fut lue du haut de la chaire de la cathédrale, le dimanche qui en suivit la signature, avait été sinon dictée, du moins inspirée dans quelques-unes de ses parties, en vue d'expliquer le présent et d'assurer l'avenir.

Quoi qu'il en soit, le jour où Monseigneur Baton résigna ses fonctions d'archiprêtre, la scène qui se passa entre Berzellaï et David (1) a dû se renouveler dans le grand séminaire, entre le protonotaire apostolique et l'évêque de Soissons.

« Berzellaï était très vieux ; il était octogénaire,
« dit la Sainte-Ecriture, et de plus il était très
« riche.

« Le roi disait donc : Venez avec moi, pour vous
« reposer tranquillement avec moi, dans Jéru-
« salem.

(1) On peut la lire tout au long au chapitre XIXe du 2e Livre des Rois.

— « Je suis trop vieux pour monter avec le roi « dans Jérusalem, répondit Berzellaï. J'ai quatre-« vingts ans aujourd'hui, et à cet âge comment « pourrais-je être sensible à toutes les belles et « bonnes choses que vous me promettez dans la « ville sainte ? Votre serviteur serait à charge au « roi, mon seigneur. Permettez à votre serviteur de « retourner dans ma ville, pour y mourir et m'y « faire enterrer. »

David n'insista point et le bon vieillard put reprendre sa liberté ; mais Mgr Deramecourt apporta à l'exécution de ses désirs une telle insistance que Monseigneur Baton dut céder, et qu'il s'engagea finalement à passer le reste de sa vie dans la ville épiscopale. Avait-il mesuré toute l'étendue du sacrifice qu'il consentit dans son acte de soumission ?

Toujours est-il qu'il chercha sincèrement à Soissons un abri pour ses vieux jours. En récompense, sans doute, de sa généreuse docilité, Dieu fit qu'il n'en trouva point. Parmi tous ceux qui s'intéressaient à cette question, ou que cette question intéressait, personne ne se soumit plus volontiers que sa sœur et lui à cette solution providentielle, on le croira facilement. A Soissons, en effet, Monseigneur Baton eût été dépaysé, connaissant un très petit nombre des prêtres dont se compose le clergé, presque personne parmi les habitants de la ville, où il n'avait eu de relations qu'avec les autorités ecclésiastiques, et ceux qui commencent à vieillir savent bien que le grand âge ne se crée pas d'amis. A Laon, au contraire, il y avait peu de familles avec lesquelles il n'ait eu des rapports, rien que dans l'exercice de son ministère, durant un demi-siècle de dévouement. Toutes les fibres de son âme tenaient à Laon et, c'eût été pour son cœur un brisement affreux, peut-être mortel, s'il lui avait fallu s'en arracher. Dieu ne condamne point heureusement, dans le prêtre plus que dans le laboureur, cet attachement particulier pour le sol qu'ils ont cultivé. Au reste, tout le monde sait que, si les arbustes souffrent quelque peu des déplacements que leur imposent nos goûts ou nos caprices, les vieux arbres ne se transplantent jamais impunément.

A l'impossible nul n'étant tenu, Monseigneur Baton fut donc autorisé à prendre sa retraite là où il avait dépensé la plus grande et la meilleure partie de sa vie. Quitter le presbytère de Notre-Dame lui fut assez pénible pour qu'il n'y mît point une hâte excessive ; et cette maison lui paraissait tellement sienne que, longtemps après l'avoir quittée, ce n'était point vers son nouveau logement qu'il se dirigeait, pour rentrer chez lui, mais invinciblement vers son ancien presbytère.

CHAPITRE XVI.

Dernières années de Mgr Baton. — Sa retraite.

C'est à l'âge où l'on a le plus besoin d'amis qu'il s'en présente moins, et l'une des craintes du vénérable prélat était d'être abandonné à la solitude, dans la retraite où s'était réfugiée sa vieillesse ; il pensait en lui-même, après l'auteur lyrique des psaumes : *Collocavit me in obscuris sicut mortuos sæculi* (1).

(1) Psaume 142.

« Quand on n'est plus rien, disait-il, on court le risque de ne plus voir personne. »

Il faisait de cette parole, inspirée par l'expérience, un présage qui ne se réalisa point pour lui.

En dehors des prêtres de la ville et du doyenné, qui furent constants dans leurs relations avec leur ancien supérieur, nombre de familles laonnoises se firent un devoir de visiter, comme par le passé, le bon curé qui, à Saint-Martin comme à Notre-Dame, s'était dévoué pour elles. D'ailleurs il se montrait si reconnaissant des témoignages d'affection et de respect dont il était l'objet, qu'on ne pouvait s'empêcher de les lui renouveler. Au moment de leur départ, il ne manquait jamais, même alors que ses facultés semblaient éteintes — *In deficiendo ex me spiritum meum* (1) — de dire à ses visiteurs : « Je vous remercie bien : revenez encore, vous me ferez toujours plaisir. » Et le bon accueil qu'on recevait du prélat, à toute heure et tous les jours, était une preuve de la sincérité de sa reconnaissance.

L'étude, pendant plusieurs mois encore, occupa les loisirs que lui procurait la retraite ; or dans son dernier travail, qu'il dut laisser inachevé, la mémoire et les autres facultés se retirant l'une après l'autre, apparaissait encore son double amour de Laon et de ses antiquités religieuses, puisqu'il avait pour objet l'histoire de toutes les églises, chapelles et oratoires de la ville.

Plus tard, quand l'étude et même la lecture cessèrent d'avoir des attraits pour lui, quand il ne s'intéressait plus à rien ni du passé, ni même du présent, quand la vie intellectuelle avait fait place

(1) Psaume 141.

à une vie plutôt végétative, une chose lui était restée, tant il avait toujours été prêtre ! l'âme sacerdotale et pastorale, et c'est de tous les dons que Dieu lui avait faits, celui qui disparut le dernier.

En effet, quelle que fût l'heure à laquelle on se présentât chez lui, on le trouvait toujours, le chapelet ou le bréviaire à la main, occupé au saint exercice de la prière. N'avait-il pas promis, avec David, de redire les louanges de Dieu jusqu'à son dernier jour ? *Psallam Deo meo, quamdiu fuero ?* (1). N'était-ce point le curé qui parlait encore quand, dans les derniers mois de sa vie, il attribuait à un ministère de la veille, ou du jour même, les enrouements dont il souffrait : « Mon mal de gorge n'a rien d'étonnant, disait-il convaincu. J'ai prêché hier soir ; ce matin, il m'a fallu confesser ; puis c'était la messe des Mères chrétiennes, à laquelle je ne puis manquer de prêcher. Avouez qu'il y a de quoi fatiguer quelqu'un qui n'est plus jeune. » Il est donc resté prêtre et curé jusqu'au bout.

CHAPITRE XVII.

Dernière maladie de Mgr Baton. — Sa mort. — Ses funérailles.

Toute vie, si longue que Dieu la fasse, a nécessairement une fin.

Après donc quelques jours d'une très douloureuse maladie, au cours de laquelle Dieu lui accorda la grâce de quelques moments de lucidité, qui lui

(1) Psaume 145.

permirent de recevoir les derniers sacrements avec conscience de ce qui se passait, Monseigneur Baton, plein de jours et de mérites, s'endormit dans le Seigneur, le mercredi 6 février 1907, sans avoir achevé sa quatre-vingt-septième année.

On lui fit, comme de droit, de solennelles obsèques, auxquelles se rendit une grande partie de la ville et un nombre assez considérable d'ecclésiastiques, malgré le mauvais temps et les prières de Quarante-Heures qui en retinrent plusieurs dans leur paroisse. Nous en trouvons le récit fidèle dans l'excellent *Journal de l'Aisne* qui voudra bien nous permettre de le lui emprunter :

« Le corps du vénérable défunt reposait dans une chapelle ardente, où se tenaient en prières les religieuses du Bon-Secours. Sur le cercueil avaient été disposés les vêtements prélatices, l'étole et la croix du chapitre.

A onze heures précises, la levée du corps a été faite par le clergé de la Cathédrale ; et l'immense cortège s'est formé dans l'ordre suivant :

En tête les élèves de l'École libre, à la création de laquelle Mgr Baton avait personnellement contribué dans une si large mesure ; les délégations des Sociétés dont il faisait partie ; puis, sur deux rangs, une longue théorie de prêtres parmi lesquels nous remarquons : M. le chanoine Turquin, grand-vicaire, délégué par Mgr l'Évêque de Soissons pour présider la cérémonie ; M. le chanoine Marlier, curé-archiprêtre de la Cathédrale, successeur immédiat de Mgr Baton ; MM. les Archiprêtres de Soissons, Vervins et Château-Thierry ; Mgr Lesur, protonotaire apostolique ; MM. les chanoines Dequin, Duployé, Chédaille, Godfroy, Lécaillon, Lelong, Maréchal et Martigny ; MM. les Doyens d'Anizy-le-Château, de

Crécy-sur-Serre, de Montcornet, de Flavy-le-Martel, de Sains et de Vailly ; MM. les Curés de Vaux-sous-Laon et d'Ardon ; M. l'abbé Madu, aumônier du Lycée ;.... au nombre de plus de quatre-vingts, et MM. les Curés du canton de Laon, auxquels s'étaient joints de nombreux ecclésiastiques de la région.

Les coins du drap étaient tenus par M. le chanoine Brancourt, vicaire-général ; par M. le chanoine Ply, curé de Saint-Martin de Laon ; par M. Pinard de la Boullaye, ancien président du Conseil de fabrique et par M. Glinel, adjoint au Maire de Laon.

Derrière le cercueil marchaient Monseigneur Mignot, archevêque d'Albi, ayant à ses côtés M. l'abbé Desmarest, curé de Crépy, ancien vicaire de la Cathédrale et M. l'abbé Poiret, aumônier de l'Hôtel-Dieu ; puis MM. Soidez et Lobjeois-Ménard, conduisant le deuil des hommes. Le deuil était conduit pour les dames par Madame Combier et par Mademoiselle Varlet.

Dans l'assistance, M. Ermant, sénateur, maire de Laon ; M. Petit, premier adjoint ; M. Fouquier, président du Tribunal ; M. Stoll, procureur de la République ; M. le Baron de Trétaigne, conseiller général ; M. le colonel Braive, commandant d'armes ; M. le Lieutenant-Colonel commandant le 45e, et de nombreux Officiers de nos deux régiments ; M. Bonnel, inspecteur principal du Chemin de fer du Nord ; MM. les Notaires, Avoués, Avocats, plusieurs Membres du Conseil municipal, et tant de nos concitoyens que nous sommes dans l'impossibilité de nommer....

Le service religieux a été célébré par M. l'archiprêtre Marlier, assisté de MM. les vicaires Rocquet et Bréjon.

L'absoute a été donnée par M. le chanoine Turquin, vicaire général, assisté de MM. les Archiprêtres de Soissons et de Château-Thierry. »

Avant l'absoute, M. l'Archiprêtre de Laon avait donné lecture de la lettre suivante de Monseigneur l'Évêque de Soissons :

« Soissons, 9 février 1907.

« MONSIEUR L'ARCHIPRÊTRE,

« C'est avec un vif regret qu'à peine entré dans mon diocèse, j'ai connu par votre lettre du 7 courant la mort de Mgr Baton, votre prédécesseur dans votre paroisse.

« Le grand âge auquel ce vénérable prêtre était parvenu ne faisait que trop prévoir, depuis quelque temps, cet inévitable dénouement qui couronne une longue et brillante carrière, et qui aura été certainement pour ce digne serviteur de Dieu le signal de la récompense qu'il a si bien méritée.

« Doué d'une intelligence peu commune, plein de zèle et de dévouement, Mgr Baton consacra ses éminentes qualités au bien des âmes qui lui furent confiées et à la gloire de Dieu qu'il aimait pardessus tout. Son excellent cœur se dépensait sans réserve pour le service de tous, et son énergique volonté ne connaissait guère d'obstacles. Il travailla donc sans relâche dans les diverses fonctions du saint ministère pendant plus de soixante ans, sur lesquels il en passa vingt-six dans la paroisse de Saint-Martin dont il restaura et embellit l'antique église abbatiale et vingt-trois à la tête de l'important archiprêtré de Laon.

« Nous retrouvons les traces de son passage et de ses généreuses initiatives dans cette superbe chapelle des reliques qui décore votre insigne basilique et dont il fut le créateur ; nous les retrouverons encore dans la chapelle de secours de Saint-Marcel qu'il fit construire pour faciliter la pratique de leurs devoirs religieux aux nombreux habitants de l'un de vos faubourgs ; dans la reconstruction de vos magnifiques grandes orgues, et dans l'école libre qu'il créa en faveur des garçons et qui subsiste encore aujourd'hui.

« Tout en se dépensant au service des âmes, nous avons tous admiré avec quel soin il économisait son temps pour se livrer aux études historiques et archéologiques, qui avaient toujours attiré son esprit avide de savoir.

« Aussi, en raison de ses mérites exceptionnels, avions-nous tous applaudi de grand cœur, quand sa Sainteté Léon XIII l'éleva à la haute dignité de Protonotaire apostolique, dignité si bien méritée et qu'il sut porter au milieu de nous avec une rare distinction.

« Aujourd'hui que le souverain maître a rappelé à lui son serviteur, plein d'années et de mérites, nous paierons tous à sa mémoire le juste tribut de nos regrets, nous prierons, comme l'Esprit Saint nous y invite, pour l'éternel repos de son âme et en nous souvenant de lui, nous travaillerons à reproduire en nous ses vertus chrétiennes et sacerdotales.

« C'est de tout cœur que je m'unis à votre deuil, à celui de tout le clergé du diocèse, à celui de vos paroissiens, et à celui de la famille de ce vénéré Mgr Baton, dont j'avais fait, depuis de longues années, la connaissance personnelle.

« Veuillez agréer, Monsieur l'Archiprêtre, l'assurance de mon respectueux et paternel dévouement en N. S.

« P.-L. PÉCHENARD,

« *Évêque de Soissons, Laon et Saint-Quentin.* »

CONCLUSION.

Si quelqu'un me reprochait, comme on peut le faire à tous les peintres et à tous les photographes habiles, d'avoir flatté mon modèle, je trouverais un avocat dans le Révérendissime auteur de la lettre citée plus haut, et où notre pieux et savant évêque dessine de main de maître, en un habile raccourci, les principaux traits de cette vénérable figure que j'ai essayé de peindre.

On me dira : Monseigneur Baton a réussi, et son ministère, sans avoir été exempt de soucis, a été aussi heureux que fécond. Mais je demanderai : Pourquoi ? Et c'est Juvénal qui nous répondra : Aucun appui ne manque à celui qui marche avec prudence : *Nullum numen abest, si sit prudentia.* Au contraire « où manque la prudence, dit La Bruyère, trouvez la grandeur, si vous le pouvez. »

Enfin, certains pourront juger trop longue et disproportionnée au sujet cette notice qu'une amitié respectueuse a dictée. Je m'excuserai en donnant la parole à Mgr Freppel : « Pour moi, dit-il, quand je veux voir la grandeur morale là où elle est en réalité, je cherche la vertu persévérante, le sacrifice continu, la fidélité au devoir, l'attachement à la règle, la constance dans le bien accompli à toute heure, simplement et sans faste, et, quand je trouve quelque part ces belles choses de l'âme, j'en remercie Dieu, qui place sous les yeux du monde de tels exemples et je me dis à moi-même : Voilà qui est grand, digne d'admiration et d'éloges. » J'ai cru trouver, dans l'existence de l'ancien curé de Saint-Martin et de Notre-Dame de Laon, ce que cherchait le grand évêque d'Angers et, c'est pourquoi je me suis attardé près d'elle, en y attardant mes lecteurs. C'est pourquoi encore, si j'étais chargé de rédiger l'épitaphe de la modeste tombe, où reposent les restes du vénéré Monseigneur Baton, au cimetière de Laon, j'y ferais graver cette inscription que j'ai lue à Rome, en l'église de Notre-Dame-des-Anges, sur le tombeau du cardinal Alciati :

Virtute vixit,
Memoriâ vivit,
Gloriâ vivet,
Spiritus astra tenet.

Il a vécu dans la pratique de la vertu, il vit dans notre souvenir, il vivra dans la gloire ; déjà son âme est au ciel.

Laon. — Imprimerie du Journal de l'Aisne

www.ingramcontent.com/pod-product-compliance
Ingram Content Group UK Ltd.
Pitfield, Milton Keynes, MK11 3LW, UK
UKHW020358220726
13923UKWH00004B/1657

9 782019 945893